AF555803

ŒUVRES

DE M. LE MARQUIS

DE XIMENEZ,

ANCIEN MESTRE DE CAMP DE CAVALERIE,

Nouvelle Edition revûe & corrigée.

A PARIS.

M. DCC. LXXII.

Bouchez Messier en dehors d'yr
Bouches au m^d de Ritzy 1809

N.B. Il semble que ce en être
peuple eut une main dans
toutes ses grandeurs. forme lui le 4

L'orgueil de l'Esprit humain
doit d'abord s'être essayé à
subjuguer les hommes par
la force des armes, quand
cette victoire leur a échappé
il a dû s'en dédommager en
cherchant l'empire de
l'éloquence et au delà
de cette dernière il a pu
s'élever jusque dans une
région supérieure, celle des
dans les systèmes d'une Religion
plus ou moins généralement acceptée

TABLE DES MATIERES.

Poësies diverses & fugitives.

PREMIERE PARTIE.

N'est-ce rien pour l'orgueil du
Siècle qui commence
de rendre aux Templiers l'estime de
la France

de faire du Theatre une salle de plaids

d'exhausser le cothurne en vestibule du Palais

et de mesme au grand jour faire que l'on
Reconcilie

le crime du monarque et l'Esprit de
l'Eglise!

(couronner du trone aux ceux de
Eglise?)

Sur la toile silencieuse
respirent Phèdre et ses douleurs
j'entends la voix délicieuse
qui prête une ame à ses couleurs.
Des siècles comblant l'intervalle
tu reproduis l'Antiquité:
et la Peinture est la Rivale
de l'Art par Eschyle inventé.

le 20 juin 1813 à 9 heures
il y avoit 188896 heures que
j'avois perdu Deux Doigts le 19 juin 1763 à
5 heures du soir, à Grandrivière ou 1882870 jusqu'à plus 16 heures à [illegible] Années Biffer [illegible]

Calcul des jours et ans depuis 1726 jusqu'en 1811 du 28 fevrier au onze octobre. Total 31259 jours 85 ans 7 mois onze jours

PRÉFACE.

Si le très-petit nombre de piéces qui composent ce Recueil n'avoit jamais paru, je me garderois bien de les publier ; je commence à connoître toutes les difficultés d'un art qui m'a trop séduit.

Mais puisque ces foibles Essais sont échappés à l'imprudence de ma jeunesse, puisqu'il est désormais impossible de les anéantir, quelque oubliés qu'ils puissent être, j'ai cru devoir, dans un âge plus mûr, donner au Public un témoignage de mon respect pour lui, en les rendant un peu moins défectueux.+ Plus je suis éloigné d'attacher de l'importance à ces bagatelles, plus il doit m'être permis de rendre aux Lettres un hommage aussi pur que désintéressé. Elles m'ont été chéres depuis que je respire ; elles servent de contre-poids à l'adversité ; & ceux qui les cultivent avec le moins de succès n'ont pas du moins à se reprocher les jours qu'elles ont remplis. Je n'affoiblirai point le bel Eloge qu'en fit l'Orateur Romain en essayant de le traduire. Je me borne à observer que toutes les professions, que la politique, la Jurisprudence, les armes & les sciences mêmes les plus abstraites, liées nécessairement aux Lettres, empruntent d'elles ce charme qui attire & cet éclat que le temps ne peut effacer.

J'ajouterai que la renommée des plus grands hommes anciens ou modernes semble proportionnée à l'amour qu'ils ont eu pour les Lettres, comme

en 61 ans il lui écrit 18618 jours

a

la prudente Nature pour rendre à peu de frais heureux les hommes communs leur donne en vanité ce qu'elle ôte en talens.

à c'étoit un dépôt sacré qu'elles eussent fait vœu de transmettre d'âge en âge, pour éterniser leur reconnoissance. Enflammé par ces promesses le disciple d'Aristote ¶ vainqueur de l'Inde & du Monde, pleure sur le tombeau d'Achille. Ses larmes demandent aux Dieux un Homère, & obtiennent l'Historien * sublime qui, à travers les siécles, a fait passer jusqu'à nous les merveilles de sa vie.

** César, Xénophon ***, Julien ***, Marc-Auréle doivent l'immortalité à leurs écrits plus qu'à leurs exploits.

Virgile a presque effacé les traces du sang que fit couler Octave; & sans chercher si loin d'illustres exemples, François premier ne fit-il pas oublier les malheurs de son règne par la protection qu'il accorda aux Lettres dont il fut le père?

Armand qui hâta leurs progrès: Louis XIV qui sçut les récompenser en Roi; son auguste Successeur, dont l'éloge n'appartient qu'à la postérité, mais dont les bienfaits vont chercher par-tout le mérite, ont augmenté leur gloire en assurant celle des Lettres qui rejaillit sur la Nation entiére.

¶ Alexandre à la prise de Thébes commanda qu'on épargnât la famille & la Maison de Pindare. Il avoit coutume de faire porter l'Iliade dans une cassette couverte de pierreries qu'il avoit trouvée dans les dépouilles de Darius, & de dire que le plus bel ouvrage sorti de la main des hommes devoit renfermer ce que l'esprit humain avoit produit de plus parfait.

* Quinte-Curce. Vaugelas en a fait une excellente traduction.

** Cicéron disoit que les Commentaires de César pouvoient bien donner à quelques sots l'envie d'écrire après lui; mais qu'ils devoient faire tomber la plume des mains de tous les habiles gens.

*** Xénophon, surnommé la Muse Athénienne à cause de la pureté de son style, eut presque tout l'honneur de la mémorable retraite des dix mille Grecs qui étoient allés au secours de Cyrus le jeune, & nous en a laissé l'Histoire. Ce fut son fils qui tua Epaminondas à la bataille de Mantinée.

**** Les Œuvres de Julien & celles de Marc-Aurèle, l'honneur de l'humanité, sont encore aujourd'hui entre les mains de tout le monde.

Ils sont enfin bannis, sans retour, ces préjugés que l'ancienne Chevalerie, louable à tant d'égards, n'osoit pas encore secouer, & dont la France auroit à rougir s'ils n'avoient pas été ceux de toute l'Europe. La Noblesse Françoise ne croit plus déroger en touchant de ses mains victorieuses la lyre d'Horace ou le compas d'Archiméde. Elle se plaît à imiter la valeur des Romains, sans dédaigner l'Art qui les fit vaincre; sans mépriser les Muses qui les célébrérent; & le Grand-Condé, assis dans ses bosquets de Chantilly, entre Santeuil & Racine, ressembloit beaucoup au Vainqueur de Carthage retouchant avec Lœlius les Comédies de Térence.

FIN.

Fautes à corriger dans les deux premières Feuilles.

page 5, vers neuviéme, *forune*: lisez *fortune*.
page 19, vers vingtiéme, *l'Afriquain*: lisez *l'Africain*.
page 32, vers troisiéme, *jugez, si*: lisez *jugez si*.

Son nom commence en lui
mais il remplit la terre

LES LETTRES
ONT AUTANT
CONTRIBUÉ A LA GLOIRE
DE LOUIS XIV,
QU'IL AVOIT CONTRIBUÉ A LEURS PROGRÈS.

Sujet donné par l'Académie Françoise, pour le Prix de l'année 1750.

POËME.

Ils n'étoient plus ces jours, où par des soins heureux
Du puissant Charles-Quint le Rival généreux
De nos champs désolés chassant la barbarie,
Transplanta les beaux Arts au sein de sa Patrie,
Et cultivoit les fruits de ces Arbres naissants
A l'abri de son Trône, autour de lui croissants.
Bientôt le Fanatisme, enfant de l'ignorance,
De leur germe encor foible étouffant la semence,
Dispersa leurs rameaux desséchés & flétris ;
Le règne, hélas! trop court du plus grand des Henris,

mr D'Orner. l'intent Cramer
mo [illegible]
md Cramer
md [illegible] Beaumarchais

De ce Monarque humain, bienfaisant, intrépide,
(Ce règne éternisé dans une autre * Enéïde,)
A peine des François put essuyer les pleurs,
Et la chûte des Arts fut un de ses malheurs.
Ils languissoient ces Arts, lorsqu'ils virent paroître
Sur le Trône des Lys, un Roi digne de l'être;
Qui dans tous ses projets, pour leur gloire entrepris,
Eut l'Immortalité pour objet & pour prix.
La Vertu la mérite, & les Muses la donnent.
Rois, vous avez besoin que leurs mains vous couronnent;
Sans elles, vos honneurs vos titres impuissants
S'abîment avec vous dans les gouffres du tems.
Louis, d'un pas rapide, entra dans la carrière;
Les Muses devant lui présentoient la lumière,
Sa gloire en alluma le durable flambeau,
Son règne étoit le leur, son Trône leur berceau:
Elles lui devoient tout, & leurs mains immortelles
Le couvroient des lauriers qu'il fit croître pour elles.
Répondez à ma voix, sortez de vos tombeaux,
Mortels, dont ce grand Homme animoit les travaux,
Esprits de tous les tems, respectables Génies,
Qui parcourant des Arts les routes infinies,
Sous les yeux d'un Héros, par vous-même excité,
Eclairâtes son Siècle & la Postérité.
Parois, Emule heureux de l'aîné des Corneilles, **
Toi! qui dans Athalie enchantois nos oreilles,

* La Henriade.

** M. Racine.

Quand Louis t'échauffoit de ses puissans regards,
Dont le feu Créateur enflammoit tous les Arts.
Cicéron de la Chaire ! Oracle de l'Eglise ! *
Viens faire entendre encore à notre ame surprise
Cette voix, qui sembloit commander à la mort
Et du Vainqueur de Lens éternisoit le Sort.
Raproche-toi de lui, toi ! son Rival aimable, **
Qui d'un crayon plus doux non moins inimitable
Nous peignis la Vertu sous les traits de l'Amour.
Quelle nuit tout à coup fait place au plus beau jour!
Dans son cours plus certain la Physique épurée
Par d'antiques erreurs n'est plus défigurée :
On mesure la Terre, on mesure les Cieux,
Le sein de la Nature est ouvert à nos yeux.
Les tems étoient cachés dans des nuages sombres
Une Aurore nouvelle en éclaircit les ombres.
L'Antiquité produit ses plus beaux monumens ;
L'Histoire, à leur clarté, compte & marque les tems ;
L'Aiguille sçait tout peindre & le Bronze respire.
Spectacles des Romains ! prodiges qu'on admire !
Dans un moins vaste espace avec art étalés
Des chefs-d'œuvres nouveaux vous ont tous égalés. ¶
Il est des Rois sans force & nés pour l'indolence
Que la mollesse endort, que l'intérêt encense,
Phantômes élevés sur un Trône avili

* M. Bossuet.

** M. de Fénelon.

¶ Les Fêtes données par Louis XIV à Versailles en 1664, il y parut un homme que n'avoient point égalé les Grecs ni les Latins. Cet homme est Moliére.

Ils passent comme un songe & tombent dans l'oubli.
Sous ces règnes de deuil, le mérite inutile
Languit découragé dans un obscur asyle,
Et des hommes divins y vivent inconnus
Mais laissent, en mourant, un nom qui ne meurt plus.

Illustres malheureux ! vos ombres consolées
Abandonnent aux Rois l'orgueil des Mausolées ;
La mort y foule aux pieds le faste qui les suit.
Votre empire commence où leur règne est détruit.

Siécle heureux des talens ! Muses, dont la lumière
Perça le voile épais de l'ignorance altiére,
La Gloire de LOUIS fut votre unique appui,
La vôtre est son ouvrage & rejaillit sur lui.

Ainsi du Laboureur surpassant l'espérance
La Terre dans ses champs fait germer l'abondance ;
Et rend avec usure au travail de sa main
Les dons & les trésors qu'il versa dans son sein.

Ainsi du Globe immense auteur de la lumiére
Les traits multipliés embrasent la matiére,
Lorsque l'acier, frappé par ses rapides feux,
Ramasse & réfléchit la chaleur qu'il tient d'eux.

Ainsi puissent les Arts, rivaux sans jalousie,
Puiser dans leur concorde une nouvelle vie !
Puisse un autre LOUIS, témoin de leur splendeur,
Etendre encor sa Gloire en redoublant la leur !

PRIERE A DIEU

POUR LE ROI.

DAIGNE veiller, Grand Dieu, sur un Peuple fidéle
Qui porta le premier l'étendard de ta foi !
Et, si tu veux payer son zèle,
Prolonge les jours de son Roi.
LOUIS, en triomphant, a terminé la Guerre.
La Victoire l'a désarmé.
Qu'il soit le plus heureux des Princes de la Terre
Comme il en est le plus aimé.

LETTRE DE CÉSAR *AU SÉNAT ROMAIN.*

POEME HÉROIQUE.

PRÉFACE.

CETTE Lettre n'eſt point une fiction, & Céſar écrivit au Sénat avant que de ſe réſoudre à commencer la guerre civile. Il offroit de poſer les armes, pourvû que Pompée en fît de même. Il demandoit ſeulement qu'on lui laiſſât le Gouvernement de la Gaule & l'Illyrie avec deux Légions. Non-ſeulement ces propoſitions, toutes modérées qu'elles étoient, furent preſque unanimement rejettées : mais Antoine & Curion, tous deux amis de Céſar, furent chaſſés honteuſement du Sénat. Ce fut en apprenant ces nouvelles que Céſar ſe porta ſur les bords du Rubicon, & qu'après bien des réflexions ſur la grandeur & les ſuites de ſon entrepriſe, il prononça ce mot devenu * célébre & paſſa la Riviére.

Tel eſt le ſujet de ce petit Poëme dont un Ecrivain diſtingué dans la Littérature rendit compte ** au Public lorſqu'il parut.

Je dois le remercier de ſes éloges & de ſes critiques mêmes. Elles reſpirent l'honnêteté, la décence & le goût. Il mérite qu'on lui réponde avec les mêmes égards.

Je ne doute point que M. de Marmontel, qui a fait ſi heureuſement paſſer dans notre Langue les vraies beautés de Lucain, ne pût faire, en ſuivant le plan qu'il a eſquiſſé, un morceau d'Hiſtoire auſſi curieux qu'inſtructif, ſi l'emploi intéreſſant qui vient de lui être confié *** & dont il étoit ſi digne, lui laiſſoit encore le loiſir de s'occuper des Héros de l'ancienne Rome. Mais il m'eſt impoſſible de comprendre » comment *la ré-* » *ſolution de Céſar à ne point ſouffrir de maître,* » *préſentée avec une fierté noble ſans oſtenta-* » *tion auroit donné plus de profondeur aux* » *vûes de Céſar.* ****

Paſſer le Rubicon étoit un Acte d'hoſti-

* *Jacta eſt alea*, s'écria Céſar, le ſort en eſt jetté. *Liſez Plut. vie de Céſar.*

** *Liſez le Mercure d'Octobre* 1759, *pag.* 134 *& ſuiv.*

*** M. de Marmontel a été nommé Hiſtoriographe de France à la place de M. Duclos au mois d'Avril 1772.

**** Ce ſont les propres paroles de M. de M. *Voyez le Merc. d'Octob. pag.* 137, *ligne ſixiéme & ſuivantes.*

lité, & un Capitaine tel que César ne devoit plus, ce me semble, parler au Sénat en suppliant ni même en politique. Il devoit intimider des Magistrats séduits par la fortune de Pompée & déployer cette confiance qu'il avoit montrée au milieu des Pirates, qu'il justifia dans les plaines de Pharsale, qui est l'ame des succès, & qui ne le quitta jamais. Cette confiance est fort éloignée de l'ostentation ; telle est celle d'Horace, au moment où il va combattre le frere de sa femme : il n'est point de Spectateur qui ne devine à leurs discours quel sera le vainqueur.

Qu'il me soit permis d'ajouter encor un mot sur ce que M. de Marmontel a la politesse de n'appeler que des in'advertences. Je commence par lui accorder que les Soldats de César ni César lui-même ne pouvoient prévoir le lieu où devoit se donner cette fameuse bataille, qui décida du sort du monde ; & au lieu de chercher à justifier mes vers, je les ai changés. Je serai un peu moins docile sur ceux-ci.

» Déjà de mes Soldats l'impatiente ardeur
» Se plaint qu'un fleuve étroit s'oppose à leur valeur ;
» Qu'il mette plus d'obstacle à leur marche rapide
» Que n'ont fait *les deux Monts séparés par Alcide.*

„ *Les Soldats de César* (dit M. de Mar» montel) *sçavoient bien que ce n'étoit pas*

„ *le petit Fleuve du Rubicon qui s'oppoſoit*
„ *à leur paſſage en Italie ; & quant aux*
„ *Monts ſéparés par Alcide, le Poete n'a*
„ *pû vouloir déſigner par-là leur paſſage en*
„ *Angleterre.*

Mais ſi ce n'eſt point leur paſſage en Angleterre que j'ai voulu déſigner par ces vers, comment ces vers mêmes en ont-ils donné l'idée à Monſieur de Marmontel ? Il ſçait, comme moi, que ces Monts ſont Calpé en Eſpagne, & Abyla en Afrique. Ces Montagnes étoient contigues ; Hercule les ſépara, & fit entrer ainſi l'Océan dans les terres qu'il inonde aujourd'hui. Elles ſont aux deux côtés du détroit de Gibraltar. Telle eſt l'opinion, non de tous les Géographes, mais des Mithologiſtes, & par conſéquent des Poëtes.

Il eſt vrai que Céſar fit embarquer au Port d'Itius * une partie de ſon armée. Mais eſt-il impoſſible qu'un détachement de ſes troupes ait paſſé le détroit de Gibraltar pour le rejoindre en Albion ? Le ſilence de Céſar ſuffiroit pour condamner un Hiſtorien, mais ne détruit point la vraiſemblance qui eſt la ſeule raiſon des Poëtes.

* On croit que ce Port, dont il n'exiſte plus de veſtiges, étoit ſitué où eſt à préſent un Village nommé Viſſant : au Nord de Calais, au Midi de Boulogne, & à l'Oueſt de Guine.

Quant à ce qui regarde Tigrane, je ne sçais si Pompée défit Tigrane, ou s'il le reçut pour ami sans * l'avoir combattu ; mais, comme je n'aime point la dispute, je prierai M. de Marmontel, en lui laissant son opinion, de n'être pas plus sévére que le Peuple Romain, & de ne pas exiger plus d'exactitude dans un Poëme que dans une ** Inscription composée par les Contemporains mêmes de Pompée, & mise aux pieds de sa Statue.

* C'est ainsi que dans deux mille ans on disputera peut-être au Héros de Gênes & de Minorque l'honneur d'avoir vaincu le Duc de Cumberland à Closter-Séven.

** Voici cette Inscription qui m'a paru trop longue pour l'insérer ailleurs que dans une Note.

P. Urb. Ro. S. P. Q. Pompeius Magnus Imp. Bello XXX ann. confecto. fusis, fugatis, occisis in deditionem acceptis hominum centies vicies semel LXXXIII. M. depressis aut captis navibus DCCC XLVI. Oppidis Castellis M. D. XXXVIII. in fidem acceptis ; terris à mæoti ad rubrum mare subactis : quum oram maritimam prædonibus liberasset, & Imperium maris Pop. Rom. restituisset. Ex Asiâ, Ponto, Armeniâ, Paphlagoniâ, Cappadociâ, Ciliciâ, Syriâ, Schytis, Judæis, Albanis, Iberis, Insulâ Cretâ, Basternis, & super hæc DE REGIBUS TIGRANE *atque Mithridate, Triumphasset.*

LETTRE DE CÉSAR AU SÉNAT ROMAIN

AVANT LE PASSAGE DU RUBICON.

POEME HÉROIQUE

DÉDIÉ A S. A. S. M. L. P. D. C.

GRAND Prince, de mes vers je vous devois l'hommage.
Du premier Vainqueur des Gaulois
J'osai, dans ma jeunesse, imiter le langage.
Vous l'imitiez dans ses Exploits.

CÉSAR AU SÉNAT ROMAIN.

DÉJA le Rubicon sur ses bords effrayés
Aperçoit de César les drapeaux déployés,
Ces drapeaux qu'avec moi les enfans de la Guerre
Ont portés en triomphe aux bornes de la Terre.
Déja de mes Soldats l'impatiente ardeur
Se plaint qu'un Fleuve étroit s'oppose à leur valeur.

" je ne suis plus ta mère. à cette voix tonnante
" Marius, une fois, eut connu l'épouvante.
" mais César d'un vain songe a rejetté l'erreur.
" c'est à mes ennemis d'éprouver la terreur.
" le sort en est jetté. plus d'accord. nul refuge.
" le Fleuve est traversé, le glaive est notre juge. »

Qu'il mette plus d'obstacle à leur marche rapide
Que n'ont fait les deux Monts * séparés par Alcide ;
Et que de l'Italie il ferme le chemin
Aux Vainqueurs étonnés de la Seine & du Rhin.
Tout est prêt pour marcher. Mon armée, en silence,
N'attend que le signal, Sénat... & je balance !
Vos orgueilleux Décrets retardent ce signal,
Et César citoyen retient le Général.
Qui des deux doit céder ? ... ô! Rome ! ô! Patrie !
De tes enfans pour toi quelle est l'idolâtrie !
D'où tiens-tu le pouvoir d'assujettir leurs vœux :
Conçois jusqu'où s'étend ce pouvoir rigoureux,
Puisqu'un moment César reculant sa victoire,
A douté s'il suivroit le parti de la gloire.
Sortez d'un long sommeil & de l'oppression,
Soyez encor Romains. Je serai Scipion.
Je voulois l'imiter. Et votre Arrêt inique
Me déclare ennemi de notre République !
Moi ! qui la défends seul : qui, pour l'anéantir
N'ai qu'à la mépriser jusqu'à vous obéir.
Pompée a des vertus. J'ai vû sans jalousie
Les triomphes pompeux dont s'illustra sa vie.
Il a défait Tigrane, il a purgé les Mers

* César pouvoit avoir deux objets en écrivant au Sénat. L'un, de persuader qu'il avoit été forcé par Pompée à commencer la guerre : l'autre, d'intimider le parti de ce Dictateur, puisqu'il étoit résolu à le combattre. On sçait quelle confiance les Soldats de César avoient dans leur Général, & il paroît assez naturel qu'il se plaise à rappeller leurs victoires dans les Gaules & son expédition en Angleterre.

Des Brigands, qu'avant lui redoutoit l'Univers.
Il a dompté l'Afrique & ſubjugué l'Euphrâte:
Il a vaincu par-tout.* Cependant je me flatte
Que mes faits ne ſont pas effacés par ſes ſiens,
Et que ſes grands deſtins ne vaincront point les miens.
Qu'il montre plus d'audace & moins de politique.
Mais vous, qui vous parez du nom de République,
Des volontés d'un Maître aveugle éxécuteur,
Vous voulez me ſoumettre à votre Dictateur?
Et de quel droit encor?... Ce Héros que la Guerre
Montra victorieux aux trois parts de la Terre,
Qui ſembloit attacher la Fortune à ſon Char,
N'a-t-il que vos décrets pour combattre Céſar?
Le Chef de Rome a pris les armes d'une femme.
Les ruſes de ce ſexe ont paſſé dans ſon ame.
Eſt-ce donc là Pompée?... Eſt-ce là mon Rival?
Lui!... qui n'a pas voulu Céſar pour ſon égal.
C'eſt le fer à la main que ſon mâle courage
Devoit du Rubicon diſputer le paſſage,
Me fermer l'Italie & prouver aux Romains
Qu'il mérite en effet l'empire des humains.
Il m'invite à la paix... & lui ſeul fait la guerre!
D'Armes & de Soldats il épuiſe la Terre.

* L'Inſcription Latine, que j'ai tranſcrite à la fin de la Préface, nous apprend que Pompée avoit porté ſes Conquêtes du Palus Mœotide juſqu'à la Mer Rouge; qu'il avoit aſſuré aux Romains l'Empire de la Mer; qu'il avoit ſubjugué l'Aſie, le Pont, la Cappadoce, l'Arménie, la Paphlagonie, la Cilicie & la Syrie; qu'il avoit vaincu les Scythes, les Juifs, les Albanois, les Eſpagnols & les Crétois; enfin, qu'il avoit triomphé de Tigrane & de Mithridate.

L'Elève de Sylla, non moins prudent que lui,
Pour régner dans vos murs, m'en exile aujourd'hui.
Ah ! si votre Héros n'affecte point l'Empire,
Qu'il suive le premier la Loi qu'il veut prescrire;
Qu'il brise ses Faisceaux. Qu'il rende aux Magistrats
Avec l'égalité le pouvoir qu'ils n'ont pas.
Mais il faut que je serve à fonder sa Puissance.
Il me croit sans ressource ou sans expérience,
Et par vos foibles mains il veut me désarmer,
Afin de mieux choisir l'instant de m'opprimer.
Ministres du Tyran qui subjugue le Tibre
Soyez Tyrans sous lui : Mais César sera libre.
Il ne fléchira point sous son autorité :
Il est né pour l'Empire ou pour la liberté.
Sénat, qui pour me perdre armez tant de cohortes,
On diroit qu'Annibal est encor à vos portes;
Pour lever des Soldats, vous rompez des Traités
Qu'après Canne & Trébie on avoit respectés.
Et vous en faites plus pour l'intérêt d'un homme,
Que n'en fit l'Afriquain pour le salut de Rome.
Mais vous, qui vous nommez les protecteurs des Loix,
Du sage Curion vous avez craint la voix.
Ce Tribun, digne encor de nos premiers ancêtres,
A jusques dans la pourpre intimidé vos Maîtres.
~~Il hait la Tyrannie... & vous l'en punissez !~~

on lui refuse tout. il m'est permis de croire
que mes vieux ont [illegible] à l'apporter ma gloire
mais vous devriez penser que tant de vieux soldats
à ma gloire attachés ne s'en sépareroient pas
et que si Rome ingratte oublioit leurs victoires
ils attendroient de moi leur juste récompense

Il parloit en Romain . . . & vous le banniſſez !
Votre crainte, Sénat, n'eſt plus d'avoir un Maître,
Vous craignez ſeulement que je n'aſpire à l'être.
Pompée eſt votre choix . . . mais le ſort, aujourd'hui,
Tiendra mieux la balance entre Céſar & lui.
Protecteur immortel de nos deſtins auguſtes !
O ! Jupiter ! . . . Tu ſçais ſi mes projets ſont juſtes.
Toi ! pour qui j'ai vaincu, Peuple au-deſſus des Rois,
Commande à Céſar même, & rentre dans tes droits.
Si j'enfreins les décrets d'une injuſte Puiſſance,
C'eſt pour hâter les jours de ton indépendance ;
Et ce crime apparent, ſource de ta grandeur,
Sera du nom Romain l'éternelle ſplendeur.
Fortune ! . . . c'eſt à toi que Céſar * s'abandonne ;
Qu'une ombre de Sénat, ménace, éclatte, tonne.
Qu'en faveur de Pompée importunant les Dieux,
Il cherche l'avenir qui nous attend tous deux.
Allons, ſans fatiguer ces Maîtres du Tonnerre,
Reconnoître leur voix dans le champ de la Guerre.
Je ne veux point entrer dans leurs conſeils ſecrets.
La Victoire ou la Mort : Ce ſont-là leurs décrets.
Qu'ils viennent traverſer mes hautes deſtinées,

* Cet endroit eſt traduit de Lucain, mais n'eſt point copié dans Brébœuf, que je n'ai jamais lû ; cependant l'urbanité d'un Cenſeur hebdomadaire traitoit cette imitation de *larcin*, de *vol*, de *brigandage*. On ne s'attend point, ſans doute, que je ſois tenté au bout de quinze années de répondre à ces douceurs. Il faut profiter des critiques judicieuſes, mépriſer la ſatyre & plaindre les malheureux que la perverſité ou l'indigence condamnent à exercer la plus lâche des profeſſions.

4* on lui refuse tout. C'est m'avoir pardonné
C'est réveiller l'orgueil du sang dont je suis né
Dieux d'Anchise et d'Iulus! Dieux auteurs de ma race
montrés moi des périls dignes de mon audace
je veux les affronter. Peuple au-dessus des Rois

Ces nobles Chevaliers qui depuis tant d'années
N'ont vû que des exploits & des prospérités.
Qu'ils suivent au combat ces Romains si vantés,
Ces rigides Censeurs dont la vertu trompée
Perdit la République, en adorant Pompée:
Ce fameux Marcellus, ce farouche Caton,
Ce Brutus son élève & sur-tout Cicéron...
Cicéron leur Oracle, & l'appui du grand homme,
Qui s'est fait son flatteur, * pour qu'il lui vendît Rome.
Sénat, ouvrez les yeux, le monde est dans vos fers,
Et nos divisions vont venger l'Univers:
Vous en perdez l'Empire: ou s'il lui faut un Maître
La valeur nommera le plus digne de l'être:
Elle est le seul arbitre entre des cœurs Romains.
Dans les champs de l'Honneur apprenons nos destins.
Là, si Caton ** se joint au parti de Pompée,
César aura pour lui les Dieux & son épée.

* On est étonné de voir ce Consul qui fut si grand contre Catilina; qui le sera dans tous les siécles par son éloquence, devenir la créature de Pompée, l'ennemi d'Antoine & le flatteur d'Octave, comme si son génie & sa vertu n'avoient pû briller qu'à la premiére place du monde; mais s'il m'est permis de hasarder ici ce que j'en pense, Cicéron étoit né avec plus de talents, avec plus de justesse & de force dans l'esprit que de fermeté dans l'ame. Il fut Homme d'Etat tant que les circonstances lui permîrent de l'être. Il crût à la vertu & à la fortune de Pompée, & la vanité le perdit. La philosophie, qui fera vivre ses écrits, ne régla point ses actions. Il ne sçut point descendre à la condition d'un homme privé; il tonna contre Marc-Antoine comme il avoit tonné contre Verrès & contre Catilina, & périt misérablement, parce qu'il donna sa confiance au jeune César, ou plutôt parce qu'il ne connut jamais les hommes.

** Ces deux Vers sont une allusion à ce Vers si connu de la Pharsale.

Victrix causa Diis placuit, sed victa Catoni.

ODE

SUR L'INOCULATION.

QUELLE eſt cette hydre furieuſe
Qui tous les ans ſort des Enfers ?
Son approche eſt contagieuſe,
Sa préſence corrompt les airs.
Son ſouffle, à la Beauté funeſte,
Laiſſe un épouvantable reſte
De ce qui s'échape au trépas.
Eſt-ce la tête de Méduſe,
Dont la laideur hideuſe accuſe
La jalouſe & fière Pallas ?

Quels Dieux, nous prêtant leur égide,
Vont parer ſes coups trop certains ?
Quel ſera le nouvel Alcide
Qui l'étouffera dans ſes mains ?
Pour nous ſeuls la Nature avare
Aux fureurs d'un monſtre barbare
A-t-elle abandonné nos jours ?
A de ſuperbes Inſulaires *
Veut-elle enſeigner ſes myſtères,
Et nous priver de ſes ſecours ?

* L'inoculation pratiquée en Angleterre avec ſuccès depuis cinquante années.

Non. Son langage eſt uniforme,
En tout climat comme en tout temps;
Mais un Tyran vieux & difforme
Contraint juſqu'à nos ſentiments.
Foibles jouets de ſes caprices,
Nous méconnoiſſons tous les vices
Sous le maſque de la Vertu.
Le préjugé régne ; & le ſage
N'oſe du ſein de l'eſclavage
Elever un front abattu.

Ainſi, Patrie infortunée!
Quand tu vois tes enfans périr,
Sous un joug de fer enchaînée
Tu gémis ſans les ſecourir.
N'eſt-il plus de Dieu tutélaire
Qui pour vaincre une autre Chimère
Faſſe naître encore un Héros ? *
Que ta crainte enfin ſe diſſipe,
France, c'eſt le fils de Philippe **
Qui doit mettre un terme à tes maux.

Reſpect humain, terreur panique,
Suſpendez un combat cruel;
Troupe envieuſe & *** fanatique,

* *N. B.* On ſçait que Bellerophon tua ce Monſtre qui avoit la tête d'un Lion, le corps d'une Chevre & la queue d'un Dragon.

** M. *Tronchin* inocula M. le Duc de *Chartres* & Mademoiſelle en 1756.

*** *N. B.* Pluſieurs Membres de cette Faculté qui ſollicita autrefois un Arrêt contre l'Emétique, s'élevent aujourd'hui contre l'Inoculation. Liſez les Mémoires de M. de la *Condamine*, l'un des quarante de l'Académie Françoiſe.

Respectez un cœur paternel.
Trois fois, le plus tendre des pères
Dicta les ordres salutaires
Qui devoient conserver son fils;
Trois fois, votre adroite imposture
L'arrête, au nom de la Nature,
Dont il croit entendre les cris.

Tremblez, pères pusillanimes,
Quoi! dans vos bras dénaturés
L'Opinion prend pour Victimes
Vos enfants que vous lui livrez!
Aux Autels d'une antique Idole
Votre erreur volontaire immole
Des fils qu'eût sauvés votre amour;
Et votre oisive indifférence
Ne frémit pas d'une ignorance
Qui pourra leur coûter le jour!

Montrez vous, esprits incrédules,
Frondeurs amers des nouveautés,
Exagérez-nous vos scrupules
Sur des succès si répétés.
Plus de nuage qui les couvre;
Le Palais de Philippe s'ouvre,
Ses enfans s'offrent à vos yeux.
Vos voix, dans la foule étouffées,
Répondront-elles aux Trophées
Que l'Amour lui dresse en ces lieux?

Ecoutez ces chants d'allégresse
Qui retentissent dans Paris,
Ils sont dictés par la tendresse;
Les cœurs vont changer les esprits.
De nos voisins, dont nos ancêtres
Ont été si souvent les Maîtres, *
Soyons disciples une fois.
Nature! seroit-il possible
Que le Peuple le plus sensible
Fût le plus rébelle à ta voix?

* Montagne & Bacon, Loke & Montesquieu, Descartes & NeWton, Shakespear & Corneille sont admirés à Londres comme à Paris. Deux grandes Nations, rivales de gloire & de puissance, se combattent en se respectant : c'est ainsi que la France & l'Angleterre semblent ne conserver de leur ancienne rivalité, qu'une émulation généreuse qui les porte également à étendre la sphère de leurs connoissances, à se communiquer leurs découvertes, & à chercher leur bonheur mutuel dans une paix durable.

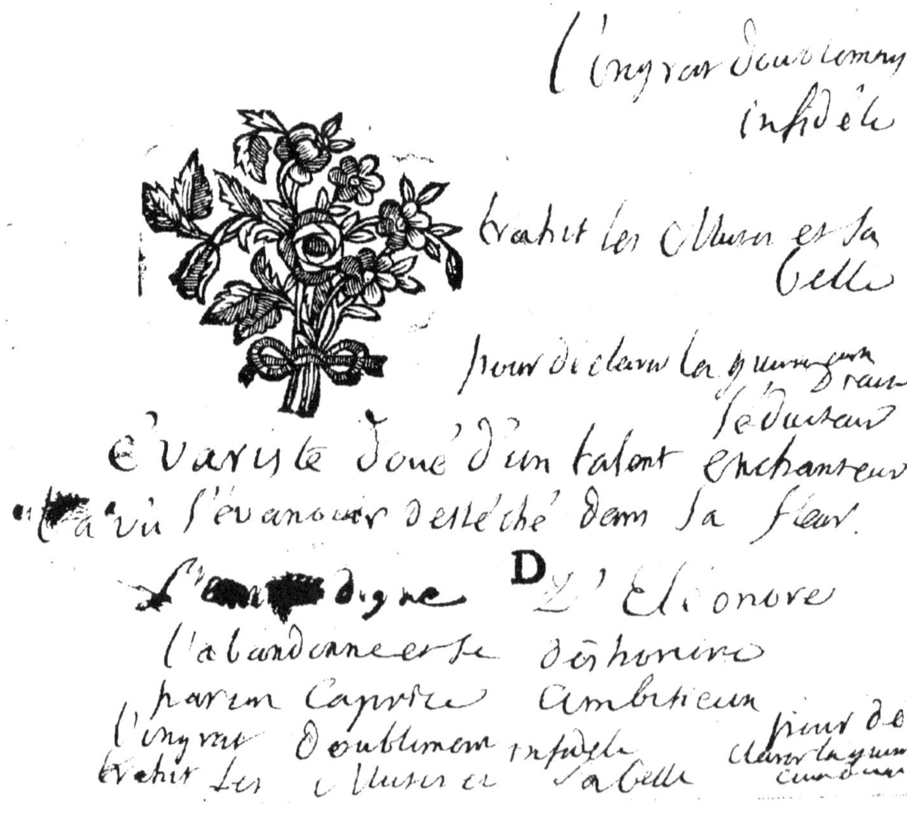

LE GRAND-SEIGNEUR ET LE VISIR,

CONTE MORAL.

Un Successeur d'Ali (son nom n'importe guère)
Roulant je ne sçais quels projets,
S'avisa de doubler le tribut ordinaire
Qu'on levoit sur tous ses Sujets.
L'Édit vérifié sans nulle remontrance
Parut très-sage, & le Divan
Loua la bonté du Sultan.
Le Visir consterné gardoit seul le silence.
„ C'est vous (dit le Despote, en le glaçant d'effroi,)
„ Qui ferez, dans trois jours, exécuter ma Loi.
„ Que nul n'en soit exempt. Que rien ne vous arrête.
„ A me désobéir, il y va de la tête ".
Ce style & ces façons prendroient mal parmi nous :
Mais les Grands, peut-être, en Asie,
N'ont pas l'oreille faite à des propos plus doux.
Il est par-tout des biens & des maux dans la vie.

Deux jours déjà passés dans la perplexité,
Le Ministre de sa hautesse
Comptant très-peu sur l'humaine sagesse,
Se soumit en bon Turc à la fatalité,
Et poursuivit le plan qu'il avoit médité.
Pour son projet il falloit une caisse :
En déguiser la forme étoit le point donné.
Cela fut fait aussitôt qu'ordonné.
La caisse bien empaquetée :
Par quatre Esclaves apportée :
Le Visir se prosterne aux pieds du Grand-Seigneur :
» Vos ordres sont sacrés, (dit-il, plein d'assurance.)
» J'ai rempli les devoirs que m'a dictés l'Honneur ;
» Et voici le garant de mon obéissance.
» Il est temps qu'à vos yeux luise la vérité ».
Le Sultan demeure immobile.
» Quel objet m'as-tu présenté ?
(S'écria-t-il épouvanté)
» Une Biére !... Oui, Seigneur : oui voilà mon asyle
» Contre une injuste volonté.
» Je ne veux point survivre à votre gloire,
» Ni surcharger vos Peuples malheureux ;
» Je ne veux que mourir. -- Ami trop généreux
» Tu vois mon repentir. Jouis de ta Victoire.
» J'admire, en rougissant, tes sublimes avis.
» LA VERTU D'UN SEUL HOMME A SAUVÉ SON PAYS.

ÉPITRE
A
MONSIEUR DE VOLTAIRE.

DIGNE Rival des Corneilles,
Dont les ſublimes écrits,
Fruits précoces de tes veilles,
Charmérent Londre & Paris :

Lorſqu'à peine dans l'enfance,
Par de tragiques douleurs
Nouveau Sophocle * de France,
Tu nous arrachois des pleurs.

Jamais vit-on Melpomène,
A ſes plus heureux Amants
Inſpirer ſur notre ſcène
D'auſſi nobles ſentiments ?

Quelle carrière infinie !
L'Émule heureux de Milton,
Inſpiré par Uranie,
Devient l'égal de Newton.

* M. de Voltaire, à l'âge de dix-huit ans, compoſa la Tragédie d'Œdipe. On ſçait que ce ſujet avoit été traité moins heureuſement par Pierre Corneille, & par Sophocle même. Tous les Œdipes ont diſparu de nos Théâtres depuis qu'on y joue celui de M. de Voltaire.

Homère né pour Achille
Chanta ses divins exploits.
La France long-temps stérile
Laissa dans l'oubli ses Rois.

Tu nâquis, & ta Patrie
S'honore de tes travaux.
Il n'appartient qu'au génie
D'éternifer les Héros.

* La Henriade & le siécle de Louis XIV, sont des monuments qui ne permettent plus à la France d'envier les plus beaux jours de la Grèce & de Rome.

RÉPONSE*

DE

MONSIEUR DE VOLTAIRE.

VOUS flattez trop ma vanité ;
Cet art si séduisant vous étoit inutile,
L'art des vers suffisoit : & votre aimable style
M'a lui seul assez enchanté.
Votre âge quelquefois hasarde ses prémices
En esprit ainsi qu'en amour :
Le tems ouvre les yeux, & l'on condamne, un jour,
De ses goûts passagers les premiers sacrifices :
A la moins aimable Beauté
Dans son besoin d'aimer, on prodigue son ame ;
On prête des appas à l'objet de sa flamme,
Et c'est ainsi que vous m'avez traité.
Ah ! ne me quittez point, séducteur que vous êtes ;
Ma Muse a reçu vos serments ;
Je sens qu'elle est au rang de ces vieilles Coquettes,
Qui pensent fixer leurs Amants.

* Ces deux piéces sont du 31 Décembre 1742.
ou du 1er janvier 1743

QUATRAIN
A MONSIEUR LE PRÉSIDENT
DE
MONTESQUIEU;
SUR SON LIVRE DE L'ESPRIT DES LOIX.

Les Conquérants ſont des orages
Qui portent devant eux le déſaſtre & l'effroi :
Ils paſſent : mais les loix & les leçons des Sages
Sont immortelles comme toi.

SUR LA MORT
DE
MONSIEUR LE MARÉCHAL DE LOWENDAL.

O ! gloire des humains ! cendre auguſte & fragile !
Voilà donc d'un Héros ce qui reſte aujourd'hui !
Lowendall périt comme Achille,
Il avoit vécu comme lui.

MADRIGAL

A

MADAME LA COMTESSE DE V*****.

Un masque ne vous sert à rien ;
Pour vous déguiser mieux, il eût fallu moins plaire.
Jugez, si je vous connois bien,
L'Amour est votre époux, ou vous êtes sa mere.

IMPROMPTU

A MADAME LA COMTESSE DE*****.

Oui: croiez-en, Madame, au témoin qui m'accuse.
J'ai dit (je n'en fais point d'excuse)
Que vous n'aviez esprit, ni graces, ni beauté.
Je l'ai dit, cela vous étonne.
Mais je n'ai qu'un défaut dans la société,
C'est de n'être jamais de l'avis de personne.

ERRATA.

Page 7, premiére ligne de la Note, » *Mademoiselle de Montpensier prétendoit* », lisez : » On trouve dans les Mémoires de Montpensier ».

Page 17, Vers neuviéme, » ô ! Rôme ! ô ! Pátrie ! » *lisez*, » ô ! Rôme ! ô ! ma Patrie !

Page 23, premiére ligne de la premiére Note, » Bellerophon, » *lisez* Bellérophon.

Ligne suivante, » d'une Chevre, » *lisez* d'une Chévre.

LES MALHEURS ATTACHÉS A LA VENGEANCE.

POËME.

ODIEUX rejetton du ſtyx & de la nuit
Que la terreur précède & que la honte ſuit:
Te verrai-je toujours implacable vengeance,
Sur ce triſte Univers déployer ta puiſſance,
A ton culte ſanglant attacher les mortels
Dont la férocité te dreſſa des Autels?
Puiſſé-je en détruiſant ton Temple & tes Maximes
Epargner aux humains des larmes & des crimes!
Détromper tous les cœurs des biens que tu promets,
Et les forcer de voir à quel prix tu les mets!
Quoi! pour faire abjurer tes leçons meurtrières
La raiſon vainement leur offre ſes lumières,
Ton ſouffle corrupteur a le pouvoir affreux
D'éteindre ſon flambeau qui marchoit devant eux.
Quels triomphes pour toi!... deux frères parricides*

* Etéocle & Polinice, fils & frères d'Œdipe, appelés les frères ennemis.

Volent, ſans s'étonner, au crime où tu les guides.
Leur mère, * avec horreur, les porta dans ſon flanc.
Ils brûlent, à l'envi, de la ſoif de leur ſang.
Chacun d'eux s'applaudit de perdre la lumière
Si ſon dernier regard voit expirer ſon frère.
Nature! tu frémis... à ces traits inhumains
Ton œil reconnoît-il l'ouvrage de tes mains?
Sortez de vos tombeaux, ombres infortunées!
Victmes qu'à ſon Char la Vengeance a traînées.
Levez-vous. Répondez. Quel attrait eût pour vous
Le ſang d'un ennemi ruiſſelant ſous vos coups?
Son trépas avoit-il de véritables charmes,
Que vos cœurs ſatisfaits goûtaſſent ſans allarmes?
Parle fils de Pélops, dis quels funeſtes fruits,
Pour ta race & pour toi la vengeance a produits.
Muſe, où m'entraînez-vous?... Soleil, dans ta carrière,
Quel crime a tout-à-coup fait pâlir ta lumière?
Eſt-ce Argos que tu fuis?... Ses Rois, dans leur Palais,
Sçauront t'accoutumer à de pareils forfaits.
J'y vois renouveller ces attentats perfides,
Et ce feſtin cruel ſi digne des Atrides.
Superbe Agamemnon viens remplir tes deſtins.
Les Dieux ont livré Troye à tes ſanglantes mains.
Retourne, heureux Vainqueur, au ſein de ta famille.

* Jocaſte épouſe & mère d'Œdipe.

Cours y chercher le prix du meurtre de ta fille.
Ce prix est le trépas. Clytemnestre t'attend
Pour punir tes forfaits par un forfait plus grand.
Illustres criminels! race impie & funeste!
Vos exemples affreux sont la leçon d'Oreste.
Epouse sans pitié, tremble. Frémis d'effroi.
Ton fils en t'imitant se rend digne de toi.
Il n'a point démenti le sang qui l'a fait naître.
C'est ton fils. A ses coups tu dois le reconnoître.
De contrée en contrée Oreste furieux,
Traîne son châtiment & son crime en tous lieux.
En vain pour appaiser leurs noires barbaries
Sa main dresse en tremblant un Autel aux Furies:
La Nature est son Juge & le remord vengeur
Plus à craindre pour lui, veille au fond de son cœur.
Mais détournons les yeux de ces fameux coupables.
Cherchons des faits plus sûrs loin du pays des Fables.
Tiens-moi lieu d'Apollon sévere Vérité.
A l'hommage éternel de la postérité.
Quel Prince eût plus de droits que n'en eût Alexandre?
Que de pleurs! ô! Clitus, il versa sur ta cendre!
Sous quel auguste aspect, sous quels traits glorieux
Le Vainqueur de Porus vient-il frapper nos yeux?
A qui dût-il le nom de Grand? A la Clémence.
La terre devant lui resta dans le silence.
Elle oublia quel sang avoit rougi ses mains,

Admira le Héros qui maître des humains
Et maître de lui-même, au ſein de la Victoire,
N'accabloit les Vaincus que du poids de ſa gloire.
Si de ce Conquérant imitant la grandeur,
L'Alexandre * du Nord eût ſçû vaincre ſon cœur,
S'il eût, en pardonnant, aſſuré ſa conquête,
Eût-il vû ſes lauriers ſe flétrir ſur ſa tête?
Le Czar épouvanté par ſes heureux progrès,
Réduit à ſupplier, lui demande la paix:
Charles la lui refuſe, & ſa folle imprudence,
Croit déja dans Moſcow conſommer ſa vengeance.
Mais † ~~trompé par l'eſpoir, ſéduit~~ par ſa valeur,
Il trouve à Pultowa l'écueil de ſon bonheur;
Et porte, en frémiſſant, aux marais de l'Ukraine
L'exemple des malheurs où la vengeance entraîne.
Ainſi de ſes poiſons infectant les eſprits,
Elle fait à l'erreur ſuccéder le mépris.
De honte & de regret ſa fureur eſt ſuivie.
Le repentir paroît dès qu'elle eſt aſſouvie;
Il entre dans les cœurs qu'éclaire un jour affreux,
Et les plus ſatisfaits ſont les plus malheureux.

* Charles XII.

FIN.

+* moins roi que soldat enflé

L'EMPIRE DE LA MODE.

Épître à Madame la Duchesse D *******

Du premier Janvier 1756.

SUR la Mode, c'est vous qui m'ordonnez d'écrire.
Vous qui charmez comme elle, en fuyant son empire.
Il faut donc essayer de chanter ses travers.
Elle est pourtant l'arbitre & le prix de mes vers.
Heureux si pour la suivre en sa course infinie,
Le* Peintre de nos mœurs m'eût laissé son génie.
Le pouvoir de la Mode augmente chaque jour.
Le Monde est son Domaine : & Paris est sa Cour.
Un Peuple imitateur soumis à ses caprices,
Prend ou quitte, à son gré, ses vertus & ses vices.
Beauté, talens, & vous qui règnez sur les Rois;
Vous tout-puissant Amour ! vous rampez sous ses Loix.

* Moliére.

l'éloge de Montaigne par Victorin Fabre sur [illegible] la [illegible] de monsieur [illegible] comme le [illegible] par mr Necker l'éloge de Colbert sous la [illegible] et [illegible]

Des traits les plus corrects l'admirable assemblage
Sans la Mode aujourd'hui n'a rien qui nous engage ;
Et le moindre minois par son fard embelli,
Eclipse la Beauté condamnée à l'oubli.
Les beaux-esprits, malgré leur sublime arrogance,
Se parent d'une fausse & triste indépendance.
Vainement des dégoûts de leur siécle entêté
Ils font vœu d'appeler à la postérité :
Ceux qui semblent vouloir sortir de leurs entraves
N'attendent qu'un coup d'œil pour demeurer esclaves.

L'amitié chez les Grands n'est qu'une illusion.
C'est un goût passager né de l'occasion
Qui prend, selon les temps, une face nouvelle,
Dépendant de la Mode & plus inconstant qu'elle.

L'Amour qui d'un sourire asservit les humains
Qui les rapprochant tous corrige les destins,
L'Amour éprouve aussi l'empire de la Mode.
A son joug, en grondant, il faut qu'il s'accommode.
Que de mortels séduits par un Monde * enchanteur,
Pour y paroître heureux renoncent au bonheur !

Oui : la Mode peut tout. Le temps la rend plus belle.
C'est l'Hébé de la Fable. Elle est toujours nouvelle.
C'est elle dont jadis le délire inhumain
Guida nos étendards aux rives du Jourdain ;
Et sur les pas d'un Roi, formé par la sagesse,

* *Lisez* le Préjugé à la Mode.

mais il y a cette difference entre
Fabvier [illegible] que ce dernier
n'obtint le prix de l'éloquence
que parcequ'il l'avoit acheté aucun

Fit périr saintement la fleur de sa Noblesse.
Ses mains avoient bâti les tombeaux des vivants.
C'est son plus digne ouvrage. Il a bravé les temps.
On la vit autrefois élever pour la guerre
Un Peuple conquérant qui subjugua la terre.
Mais tous ces vieux Romains étoient des gens sans cœur
Qui ne connoissoient point le véritable honneur.
César & Scipion, ces demi-Dieux de Rome,
S'y laissoient, au Sénat, maltraiter par un homme.
Ils ignoroient alors, ces superbes poltrons,
Comme il faut dans le sang effacer des affronts.
Peindrai-je d'autres fous sottement incrédules
Qui ne craignant rien tant que d'être ridicules
Et livrés au torrent d'un siécle si pervers
Victimes de la Mode, iront droit aux Enfers?
Qui pourroit la borner? *La raison.* Beau systême!
Qu'est-ce que la Raison sans la Mode elle-même?
Eh! qu'ont fait jusqu'ici ~~tant de graves Auteurs~~ tant de savans discoureurs
Que semer tour à tour le doute & les erreurs.
La Sagesse admit-elle un pompeux Stoicisme?
Pouvoit-elle adopter l'affligeant Pyrrhonisme?
Ce René si fameux, qui vint, après mille ans,
Chasser des préjugés, consacrés par le temps,
Avec ses tourbillons auroit péri peut-être.
Mais il forma Newton, qui surpassa son Maître.
Mallebranche après lui n'a laissé qu'un grand nom.
Bourdaloue effacé fit place à Massillon.

C'eſt donc l'opinion qui toujours nous entraîne.
Mais elle eſt née eſclave, & la Mode eſt ſa Reine.
Racine, en peu de jours, chez *les gens du bon ton*,
Fut plus haut que Corneille & plus bas que Pradon.
On vit ces gens de goût yvres de * Timocrate
Au bout de quelques mois lui préférer ** l'Aſtrate.
Saint *** Médard eſt ouvert & le Diacre Pâris
Pour la ſeconde fois y fait courir Paris.
On n'aime plus les vers. Mais la Géométrie
Prend un eſſor nouveau dans les mains d'Uranie.
C'eſt l'étude du jour. L'Algébriſte ſurpris
Reçoit le même accueil qu'on fit aux beaux-eſprits.
Heureux ſiécle ! où l'on voit la féconde Nature
Faire mûrir pour nous des fruits nés ſans culture.
L'eſprit univerſel s'y reçoit en naiſſant :
Et qui ſait vivre enfin, ſait tout en un moment.
» *Le Monde juſqu'ici fut dans la barbarie.*
» *Notre ſiécle eſt celui de la Philoſophie*,
» *C'eſt par nous ſeulement que brillant de clarté*
» *L'eſprit philoſophique en tous lieux eſt porté* ».
Tout eſt de ſon reſſort. L'École & le Théâtre.
Il n'eſt pas moins jaloux d'élever que d'abattre.

* Tragédie de Thomas Corneille qui eut un ſuccès prodigieux.

** Autre Tragédie de Philip. Quinault, connue par l'Anneau Royal, dont Boileau ſe moqua dans ſes Satyres.

*** Le Cimetiére de Saint Médard, célébre par les Convulſions. Il fut fermé il y a environ quarante ans; mais les Convulſioniſtes ſubſiſtent encore & avoient quelque vogue quand cette Epître parut pour la premiére fois.

Tout

Tour à tour il exalte ou détruit les grands noms,
Il censura Colbert & prona les Bouffons.
C'est lui qui de Lully proscrivant les merveilles
Se réserve le droit de former nos oreilles.
C'est sur toute matière un Juge souverain,
Car la Mode a remis son sceptre dans sa main.

FIN.

Eh! pour qui d'une vie
exempte de reproche
ne peut-on couronner la fin
et souffrir qu'une fois, du berceau d'un
Dauphin
la vertu sans excès appr-
-oche!
pour qui ce modèle
guerrier
devant qui les préjugés trem-
-blent
Qui prima à la France contre
l'Montesquieu
ne peut-il s'entourer d'hommes qui lui ressemblent?
on dédaigne le sur le compas
d'Uranie
on préfère à présent le compas
d'Uranie
à la lyre aux accords du Dieu
de l'harmonie
on dédaigne Apollon

LA GLOIRE DES GRANDS HOMMES N'EST POINT EFFACÉE PAR LE MÉRITE DE LEURS RIVAUX.

STANCES HÉROIQUES.

Larmes jalouses d'Alexandre
Frêle indice de sa grandeur,
(Les sages n'ont pû s'y méprendre.)
Vous décèliez son foible cœur.
Que l'illusion se dissipe.
Le fils orgueilleux de Philippe
Plus modeste eût été plus grand.
Modestie ! ô ! Vertu suprême !
La valeur & la beauté même
Te doit son plus bel ornement.

Athènes ! lumiére du Monde !
C'est dans le sein de tes remparts

Que sortent d'une nuit profonde
Les jeux, les talents & les arts.
Que de chef-d'œuvres quels miracles
Détruisant par-tout les obstacles
La Nature vient d'enfanter!
Mais parmi ceux qu'on voit éclore,
Quel prodige plus rare encore
Mérite seul de m'arrêter?

Quelle est cette lugubre scène
Et d'où naissent tant de douleurs?
Du cothurne de Melpomène
On a dépouillé les Acteurs.
Leurs pleurs du chant prennent la place.
Sophocle, ce n'est qu'à voix basse
Que tu leur permets de parler.
Ces regrets que tu fais paroître
Sont-ils d'un Rival ou d'un Maître
Qu'Euripide osoit égaler?

Cœur généreux! esprit sublime!
Faut-il que ta postérité
T'accorde une stérile estime?
N'en seras-tu point imité?
Pourquoi si ton heureux génie
Paré des dons de l'harmonie
Sembla chez nous ressuscité;
Avec ton art, qu'on vit renaître,

Ne vit-on pas aussi paroître
La même générosité ?

Injustes & vains que nous sommes
Craignons-nous de voir emporter
Les applaudissemens des hommes ?
Osons plutôt les mériter.
Ah ! la gloire n'est obscurcie
Que par la basse jalousie,
Non par l'éclat de nos Rivaux.
Condé, sans éclipser Turenne,
Villars, sans effacer Eugène,
Se sont mis au rang des Héros.

Pyrrhus sur les pas de son père
Fit encor admirer son nom.
Le laurier qui ceignit Homère
Ceint aussi le Tasse & Milton.
Ainsi plus cher à notre oreille
Racine à côté de Corneille
S'éléve ; & reste son égal.
Voltaire partage leur gloire :
Et Broglie, enfant * de la Victoire,
Nous rend Maurice & Lovvendhall.

* M. le Duc de Broglie, qui n'étoit point encore Maréchal de France, venoit de gagner le combat de Berghen, lorsque cette Strophe fut composée. Les Poëtes durant plusieurs siécles furent les seuls Historiens du Monde.

LA PASSION DU JEU.

ODE.

PERFIDE & bisarre Déesse
Dont les faveurs & les mépris
Répandent la honte ou l'yvresse
Sur tes coupables Favoris :
Verrons-nous toujours à ta suite
Une foule avide & séduite
Mendier en vain tes bienfaits ?
Puissé-je voir crouler ton Temple
Où mon œil indigné contemple
Tous les malheureux que tu fais !

Quel est ce nouveau sacrifice
Que l'on prépare à tes Autels ?
Tu triomphes. C'est l'avarice
Qui t'offre les vœux des mortels.
Plus de rang, de sexe, de titre.
Ils ne veulent point d'autre arbitre

Qu'un Cube autour d'eux agité.
Et ces Forcenés, dans leur rage,
Semblent encor chérir l'image
De notre ancienne égalité.

Quel ſubit & profond ſilence !
Des monceaux d'or ſont entaſſés.
Le ſignal ſe donne. On commence.
Des monceaux d'or ſont diſperſés.
L'inquiétude au teint livide
Au regard diſtrait mais avide
Se peint ſur leur front pâliſſant.
Bientôt le déſeſpoir farouche
L'écume & le fiel à la bouche
Vomit la plainte en * rugiſſant.

Miniſtres d'un culte frivole
Par l'aveugle intérêt guidés,
Vous prodiguez à votre Idole
Ces biens que vous lui demandés.
Source d'erreurs enchantereſſes,
Déſir effrené des richeſſes,
Malheureuſe cupidité !
Soif inſatiable & fatale,

* Ceux qui ont aſſiſté à la repréſentation de Béverley, ſçavent ſi ces couleurs ſont trop fortes pour peindre la rage des Joueurs. Ce Drame auroit déja corrigé les hommes de la paſſion du Jeu, ſi les hommes ſe corrigeoient. L'Auteur a employé le fer & le feu pour extirper un mal qui gagne inſenſiblement tous les Ordres de l'État.

Vous les prodiguez à l'Idole,
Ces biens que vous en attendez

Supplice éternel de Tantale.
Par vous ~~seuls pour vous inventé.~~

Secouez une indigne chaîne.
L'illusion qui vous séduit
S'échappe, comme l'ombre vaine,
Avec l'astre qui la produit.
Ainsi vos trésors disparoissent.
L'erreur finit. Ses charmes cessent.
Le temps enléve son bandeau.
La misère seule vous reste
Et la vérité plus funeste
Vous présente alors son flambeau.

Malheureux ! qu'allez-vous répondre
Aux plaintes d'une épouse en pleurs?
Son aspect seul doit vous confondre.
Sa tendresse fait ses malheurs.
Elle déteste la journée
Où l'Amour guidant l'Hyménée
Grava vos serments dans les Cieux.
Déshérités avant de naître
Vos enfans ne recevront l'être
Que comme un bienfait odieux.

Quelle sera votre ressource
Dans l'opprobre & dans le mépris ?
Vos jours, au milieu de leur course,

Languiſſent perdus & flétris.
L'Honneur vous ouvre ſa carrière.
Mais pour en fermer la barrière
Un Monſtre veille ſur vos pas.
La honte qui ſuit l'indigence
Fait fuir devant vous l'eſpérance
Qui même ne vous reſte pas.

FIN.

QUATRAIN

QUATRAIN

OU

*Portrait de Madame la Marquiſe DE********

Zyrphé, ſans être belle, eut tous les dons de
plaire.
Elle ſemble tenir du maître de Paphos
Ses traits, ſes graces, ſes défauts
Et la ceinture de ſa mère.

IMPROMPTU

SUR UNE ÉPÉE DE HENRI IV,

Que l'on croit être celle qu'il avoit à la journée d'Yvry.

Autrefois dans les mains d'un Roi victorieux
Je lui rendis ſon Trône uſurpé par Mayenne.
Il eſt juſte que j'appartienne
A qui lui reſſemble le mieux.

IMITATIONS D'HOMERE
OU
ESSAIS DRAMATIQUES
TIRÉS DE L'ILIADE.

AVERTISSEMENT.

LA longue querelle qui s'éleva au ſujet des Anciens & des Modernes vers la fin du ſiécle paſſé, & qui exerçoit encore, dans le commencement de celui-ci, les Ecrivains les plus célèbres, toute indifférente qu'elle eſt devenue, n'a pas été tout-à-fait inutile.

L'érudition avoit défriché le plus vaſte champ de la Poëſie*, des hommes de génie** y recueillirent de riches moiſſons & tranſplanterent habilement, parmi nous, les plus beaux fruits de la Grèce qui ne dégénéroient point entre leurs mains: l'eſprit d'analyſe & de critique, qui ſemble être celui de nos

* Les Poëmes d'Homère.

** Racine, Fénelon, Boileau.

jours, a perfectionné le goût qui se communique lentement & qui s'épure dans les Sociétés, tandis qu'il se corrompt dans les Ouvrages.

Madame Dacier en traduisant Homère, M. de la Mothe en le travestissant *, ne pouvoient ajouter ni ôter rien à sa gloire. Un Poëte qui est en possession de plaire depuis deux mille six cents ans, & auquel les Romains ni Quintilien lui-même n'ont pas préferé Virgile, ne peut être jugé sur des Traductions. ** Notre Langue & nos Usages ne nous permettront peut-être jamais de rendre fidélement toutes les beautés d'Homère : mais son Poëme est rempli de tant de morceaux Dramatiques, que je n'ai pû résister à la tentation de mettre en Vers quelques scènes qui m'ont paru toutes faites dans l'Iliade : j'ai cherché à les lier ensemble afin d'y conserver l'unité d'intérêt qu'on exige dans les Tragédies, & si l'exécution étoit digne du modèle que j'avois devant les yeux, je n'aurois pas besoin de l'indulgence de mes Lecteurs.

* J'en demande pardon aux manes de cet illustre Académicien : mais ce mot m'est échappé, la force de la vérité m'emporte, & dussé-je m'attirer le même reproche, les Vers de la Mothe n'en seront pas meilleurs.

** Il en a paru deux depuis quelques années. L'une en Prose & l'autre en Vers. Il ne m'appartient pas de prévenir le jugement du Public. Mais l'ouvrage de M. B.me paroît aussi supérieur à celui de Madame Dacier, que la Poësie de M. R. l'est à la versification de Monsieur de la Mothe.

SCENE PREMIERE

OU

Dialogue entre Agamemnon & Ulysse.

La Scène se passe vers le milieu de la nuit dans la Tente d'Agamemnon.

AGAMEMNON.

VOILA donc les honneurs qui nous furent promis
Et la foi qu'on devoit à des Dieux ennemis!
Troye ici nous assiège, & loin de ses murailles
Jusques sur nos Vaisseaux vient chercher les batailles.
Sur tous les Éléments Hector victorieux
S'y montre environné de la force des Dieux.
Notre flotte par lui sera réduite en cendre.
Nous n'avons plus d'Achille, hélas! pour la défendre.

ULYSSE.

Nous n'avons plus d'Achille. Ah! nous l'aurions encor
Si votre orgueil n'eut fait plus que n'osoit Hector.
Ce mot, m'est échappé, Seigneur. Mais nos misères
Ne me permettent plus des discours moins sincères.

Nous n'avons plus d'Achille. Ah! c'eſt trop différer.
Puiſqu'il reſpire encor, il faut tout réparer.
Vous l'avez outragé. Votre aveugle colère
De ſes nombreux exploits lui ravit le ſalaire.
Il faut à cette offenſe égaler ſes honneurs.
Lui rendre Briſéis, déſarmer ſes fureurs,
Vous vaincre ... & mériter que la Grèce fidelle
Applaudiſſe à ſon Roi qui s'immole pour elle.

AGAMEMNON.

Il n'eſt plus temps, Seigneur. Les Dieux ſe ſont vengés
Et du parti d'Hector ils ſe ſont tous rangés.
Jupiter nous trompoit. Il dément ſes oracles.
Pour le ſang de Priam il s'épuiſe en miracles,
Défend contre Junon le Troyen criminel
Et veut couvrir vingt Rois d'un opprobre éternel.

ULYSSE.

Qu'ai-je entendu, Seigneur? Je doute ſi je veille.
Eſt-ce la voix d'un Roi qui frappe mon oreille?
Qu'oſez-vous propoſer?

AGAMEMNON.

D'arracher au trépas
Un Peuple malheureux qui tend vers moi ſes bras.
Prince, c'eſt trop lutter contre les deſtinées.
Dix jours nous ont ravi le fruit de dix années.

Cédons à Jupiter & ne nous flattons plus
Que les murs d'Ilion puissent être abattus.

ULYSSE.

Avez-vous pû, Grands Dieux, laisser tant de foiblesse
Au cœur du Roi des Rois & du Chef de la Grèce?
Rapelez-vous, Seigneur, quel fut Agamemnon.
Remplissez les devoirs qu'impose un si grand nom.
Ou s'il faut qu'aujourd'hui, démentant votre vie,
Vous alliez, sans honneur, revoir votre Patrie,
Partez ... à vos vaisseaux la Mer ouvre un chemin.
Mais tous les Grecs mourront les armes à la main.
Ajax & Diomède unis avec Ulysse
Peut-être à leur valeur rendront le Ciel propice;
Et hâtant ses Décrets par de plus nobles coups
Obtiendront des lauriers qui n'étoient dus qu'à vous.

AGAMEMNON.

Sage & vaillant Héros, qu'un si pressant langage
En des temps plus heureux, eût flatté mon courage!
Mais que peuvent servir tous les efforts humains
Contre le bras d'un Dieu qui les veut rendre vains?
Lui seul a de nos mains arraché la victoire,
Nous a couverts de honte & les Troyens de gloire.
Son immortelle Égide au milieu des combats
Marchoit devant Hector & glaçoit nos soldats.

L'élite de nos Chefs privés de sépulture
Dans ce champ, des oiseaux deviennent la pâture;
Et je ne suis pas Roi pour suivre imprudemment
D'une bouillante ardeur l'orgueilleux mouvement;
Faire périr l'Armée en courant à la gloire
C'est acheter trop cher l'honneur d'une victoire.
J'aime mieux épargner les débris d'Ilion
Que d'immoler mon Peuple à mon ambition:
Et le premier devoir, dans le rang où nous sommes,
Est de connoître au moins le prix du sang des hommes.

ULYSSE.

Malheur sans doute aux Rois qui dans la pourpre assis
Contre l'Humanité pourroient s'être endurcis.
Que sa touchante voix pour Ulysse a de charmes!
A ces beaux sentimens j'applaudis par mes larmes,
Seigneur, & c'est aux Dieux à les récompenser.
Las de vous éprouver ces Dieux vont se fixer
Et ceindre votre front de la palme immortelle
Qui vous attend à Troye où leur voix vous appele.
Mais c'est par des efforts plus grands, plus glorieux,
Qu'il faut hâter l'effet des promesses des Dieux.
Vingt Rois sur votre front ont mis le diadême.
Ah! soyez votre Juge & votre Roi vous-même.
Si la Grèce soumise aime à vous obéir,
Vous devez la sauver & non pas la trahir.

Elle ne vous a point confié sa conduite
Pour vous laisser l'honneur de commander sa fuite.
Elle demande Achille : & de votre union
Dépend l'Arrêt des Dieux qui condamne Ilion.
Appaisez ce Héros : & le fer & la flamme
Auront bientôt détruit les restes de Pergame.

AGAMEMNON.

Je reconnois trop bien que le fils de Thétis,
Fut l'unique rempart contre nos ennemis.
Au-dessus des mortels & de sa renommée
Achille aimé du Ciel valoit seul une armée.
Grecs ! au glaive d'Hector je vous ai livrés tous
En vous privant du Dieu qui combattoit pour vous !
C'est peu que Briséis à ses désirs rendue
Fasse voir dans mon camp ma fierté confondue ;
Je veux par des présens, par des soumissions,
Mettre fin, s'il se peut, à nos divisions,
Et que tout l'avenir consacre la mémoire
D'un jour qui va d'Achille éterniser la gloire.
Trop heureux si le Ciel protégeant mon dessein
Ne me réduisoit pas à m'abaisser en vain.

ULYSSE.

Le grand Agamemnon tout entier se déploye.
Vous nous rendez les Dieux qui combattoient pour
Troye.

Son

Son jour eſt arrivé. Plein d'un ſi juſte eſpoir
Je vais faire parler l'honneur & le devoir;
Je me rends, de ce pas, dans les tentes d'Achille;
Puiſſé-je triompher de ce cœur indocile,
Le rendre à la Patrie & lui faire envier
Le courage d'un Roi qui daigne ſupplier!
Sage Divinité, dont la main protectrice
Des périls les plus grands ſçut préſerver Ulyſſe,
Minerve, s'il eſt vrai que les Dieux immortels
S'honorent de l'encens qu'on brûle à leurs Autels,
Si mes vœux ont percé leur demeure éternelle,
Que le ſalut des Grecs ſoit le prix de mon zèle!
Fais qu'à ce long courroux las de s'abandonner
L'inexorable Achille apprenne à pardonner.
Déjà trompant les ſoins & l'eſpoir de ſa mère,
D'un vain déguiſement je perçai le myſtère:
C'eſt toi qui m'inſpirois; & ce jeune Héros
Voyant briller un fer, abandonna Scyros.
Viens, acheve, ô! Déeſſe! & parle par ma bouche.
Prête à ma foible voix un charme qui le touche.
Adieu, Seigneur, j'eſpere avant la fin du jour
Voir Troye en feu, d'Achille annoncer le retour.

SCENE SECONDE.

Cette Scène doit ſe paſſer dans les Tentes d'Achille au Camp des Theſſaliens, ſéparé du Camp des Grecs, vers la fin de la nuit.

ACHILLE.

.... CHER Patrocle, eſt-ce toi?
Quel deſſein t'a conduit dans les tentes du Roi?
Tu ne me réponds rien. Je vois couler tes larmes.
Ulyſſe, que je fuis, redoubloit mes allarmes.
J'ai craint que ta pitié pour des Rois malheureux
Ne te fît oublier l'horreur que j'ai pour eux.
Patrocle aſpiroit-il à ſervir un perfide?
Es-tu l'ami d'Achille ou l'eſclave d'Atride?
Et dois-tu plus aux Grecs qui n'ont rien fait pour toi
Qu'à la tendre amitié qui t'unit avec moi.

PATROCLE.

Souffrez qu'entre eux & vous mon ame ſe partage.
Seigneur, Agamemnon veut réparer l'outrage

Que son injuste orgueil vous fit avec éclat.
Accordez lui sa grace en marchant au combat.

ACHILLE.

Moi ! combattre pour lui ! travailler à sa gloire !
Je n'en ai que trop fait. Perdons-en la mémoire.
Oublions des ingrats que j'ai trop bien servis.
Privés de mes secours ils en sçauront le prix.

PATROCLE.

Ainsi de leur malheur artisan volontaire
Achille se souvient de sa seule colère,
Et lui-même effaçant des exploits superflus
De ses premiers serments ne se souviendra plus.
Montrez-vous. Et les Grecs sont sûrs de la victoire.
Quel spectacle pour vous si vous aimez la gloire !
Atride suppliant ! ... Hector par-tout vainqueur ! ...
Que faut-il donc, cruel, pour fléchir votre cœur ?

ACHILLE.

Que m'ont fait les Troyens, Pâris, Hector, Hélène ?
C'est sur leurs ennemis que doit tomber ma haîne.
Cesse de la blâmer. Vien jouir avec moi
De leur confusion qu'augmentera l'effroi.
C'est la nécessité qui vient de les réduire.
Leurs dons intéressés ne peuvent me séduire ?
Gémis-tu de leurs maux sans ressentir les miens ?

Cher ami, mes affronts ne ſont-ils plus les tiens?
Et peux-tu ſouhaiter qu'Achille les endure
Sans qu'il faſſe à la Grèce expier ſon injure?
  Des triomphes d'Hector je ne ſuis plus jaloux.
La gloire a moins d'attraits que mon juſte courroux.
Puiſſent tous les Auteurs d'une vaine entrepriſe
Foudroyés ſous des murs que le Ciel favoriſe,
Périr, ou déteſter l'empire de leur Roi
Et d'un joug importun s'affranchir avec moi!

PATROCLE.

  Votre abſence ſuffit ſans implorer la foudre.
Ah! le malheur des * Grecs auroit dû les abſoudre.
Vous n'êtes point le ſang des Héros ni des Dieux.
Qui leur devroit le jour leur reſſembleroit mieux.
Un repentir léger les porte à la clémence.
Achille ſur vingt Rois exerce ſa vengeance,
Et de leur Flotte en proie à des feux dévorants
Détourne, ſans pitié, des yeux indifférents.
Ah! s'il m'eût conſulté, le fils d'une Déeſſe
N'eût point à ſon dépit ſacrifié la Grèce:
Et par de grands exploits plus noblement vengé,
Eût fait rougir l'ingrat qui l'avoit outragé.

ACHILLE.

  On m'a trop offenſé. Ma haîne eſt immortelle.
Thétis & le Deſtin ſont d'accord avec elle.

* Il faut rendre à chacun ce qui lui appartient. Je crois que ce Vers eſt dans l'Iliade de M. de la Mothe. Il ſe peut que je lui en aie dérobé d'autres ſans le ſçavoir, ce ne feront pas les plus mauvais, & peu de gens entre ceux qui ont lû beaucoup de Ver s, peuvent ſe vanter d'être exempts de ces prétendus plagiats.

Je contente, en partant, ma colère & les Dieux.
Mais cache-moi les pleurs qui coulent de tes yeux.
Mon cœur, en les voyant, me trahiroit peut-être.
Reſpecte des fureurs que les Dieux ont fait naître.
La vengeance a pour moi les charmes les plus doux.
Patrocle m'eſt pourtant plus cher que mon courroux.
Garde-toi d'abuſer de ton injuſte empire.
Souviens-toi qu'à tes vœux je fus près de ſouſcrire
Et que contre toi ſeul mon cœur mal affermi
Sentit moins un affront que les pleurs d'un ami.

PATROCLE.

Eh! bien. Si l'amitié peut te parler encore,
Ne me refuſe point la grace que j'implore.
J'abandonne les Grecs à leur ſort malheureux:
Je ne te preſſe plus de combattre pour eux;
Mais réponds à l'eſpoir qui vient de me ſéduire.
Donne-moi tes Guerriers & ton Char à conduire
Et permets qu'aujourd'hui de tes armes couvert
Je rende au Camp des Grecs l'ombre de ce qu'il perd.
Hector que tant de fois fit trembler ta préſence
Ne pourra ſoutenir ta ſeule reſſemblance.
De ton caſque divin l'éclat va le frapper
Et peut-être mon bras ſuffit pour le tromper.

ACHILLE.

D'un deſſein ſi fatal ne puis-je te diſtraire?
Eſt-ce ainſi que Patrocle épouſoit ma colère?

Ah! trop cruel ami, que me demandes-tu?
Grecs, vous triompherez par sa seule vertu!
Quoi! pour mes ennemis tu veux combattre encore!
C'est pour eux, contre moi, que Patrocle m'implore!
Mais, n'importe. C'est lui. Je n'y puis résister.
C'est un Arrêt du Ciel qu'il me faut respecter.
Prends mes armes, mon Char. Qu'à ta voix qu'ils chérissent
Mes coursiers * immortels, comme moi, t'obéissent,
Qu'ils portent devant eux la mort avec l'effroi.
Qu'ils poursuivent Hector prompt à fuir devant toi.
Retarde encor d'un jour la perte de la Grèce.
Écarte de son Camp la flamme vengeresse.
Tu le veux. J'y consens. Pars: & vas aujourd'hui
Humilier Atride en triomphant pour lui.
Mais n'étends pas plus loin tes vœux ni ta victoire.
Qu'on te prenne pour moi. C'est assez pour ta gloire.
Content d'avoir sauvé les Grecs & leurs Vaisseaux
Reviens prendre avec moi la route de Scyros.
Adieu. Déjà la nuit fait place à la lumière.
Je ne t'arrête plus. Entre dans la carrière;
Et que vingt Rois jaloux à tes nouveaux exploits
Reconnoissent l'ami, dont mon cœur a fait choix.

* L'Abbé Terrasson qui croyoit renverser les Autels d'Homère, comme Descartes avoit détruit ceux d'Aristote, n'improuvoit pas même le don de la parole dans des Chevaux de race immortelle. *Lisez la Préface de M. Bitaubé, pag. 74.*

SCENE DERNIERE.

ACHILLE ET ULYSSE.

Achille paroît en désordre, sort de sa Tente avec précipitation, & court au-devant d'Ulysse qu'il apperçoit.

ACHILLE.

. . . . . Roi d'Ithaque, apprenez-moi mon sort.
Qu'est devenu l'ami qui cause mes allarmes?
Vit-il encor?

ULYSSE.

Couvert & digne de vos armes
Il a par sa vaillance & par d'illustres coups
Fait douter les deux Camps si c'étoit Mars ou vous.
Je l'ai vû des Troyens faire un affreux carnage.
Son Char au milieu d'eux s'ouvre un sanglant passage.
Il étoit près d'entrer dans les murs d'Ilion:
Il frappe. On meurt. Tout fuit. Le divin Sarpédon
Fier & trop plein du Dieu dont il tient la naissance
Au-devant de ses pas avec fureur s'élance.

Patrocle l'attendoit : & malgré ſes efforts
Le fils du Roi des Dieux eſt tombé chez les morts.
Glaucus pour le venger accourt & prend ſa place,
Mais la mort ſuit de près ſon inutile audace.
Hector arrive enfin. Sa vue a diſſipé
L'effroi dont le Troyen avoit été frappé.
Les Grecs en le voyant doutent de la Victoire.
Patrocle ſe promet une nouvelle gloire
Et content d'être entré dans les champs de l'honneur
S'applaudit d'un péril digne de ſon grand cœur.
Jupiter autour d'eux fait gronder ſon tonnerre.
Il fait pleuvoir du ſang. Il ébranle la terre.
A ces marques, Hector reconnoît ſon appui
Et ſent que Jupiter s'eſt déclaré pour lui.
Patrocle dédaignant le ſort qui le menace
Croit faire encor changer les Dieux par ſon audace.
Il laiſſe au loin ſon Char & ſur Hector il fond.
Il triomphoit. Sa lance entre ſes mains ſe rompt.
Hector de ce moment ſaiſit tout l'avantage.
Le ſecours d'Apollon lui tient lieu de courage.
Patrocle tombe... Hector trompé par ſa valeur
Croit du fils de Thétis être déjà vainqueur.

ACHILLE.

Cher Patrocle! tu meurs... & j'endure la vie!
Et ma ſeule douleur ne me l'a point ravie!
Je n'avois qu'un ami. Je le perds. Juſte Ciel!
Je te rends grace au moins de m'avoir fait mortel.
Mon

Mon cœur ne connoît plus la gloire ni la honte
Ulysse, je perds tout... & la mort la plus prompte
Terminera des jours que je ne puis souffrir.
Achille ne doit point pleurer. Il peut mourir. *

ULYSSE.

Oui. Mais il doit mourir vengé : couvert de gloire :
Faire changer le sort : nous rendre la victoire;
Paroître tel qu'Alcide ou le Dieu des combats
Et se rendre immortel, comme eux, par son trépas.
Comptable aux Grecs d'un sang que vous voulez répandre,
Versez-le, s'il le faut, dans Ilion en cendre.

ACHILLE.

Oui j'y vole. Mon cœur trop long-temps abbatu
Au cri de la vengeance a repris sa vertu.

(*Il prend la lance d'un des Thessaliens & prononce les derniers Vers en marchant à l'ennemi*).

Troyens en'orgueillis du long repos d'Achille,
Plus de pitié pour vous. Plus d'espoir. Plus d'asyle.
Je voue à votre race un éternel courroux. **
Patrocle, en périssant, vous extermina tous,
Grand Dieu! le sang d'Hector peut seul me satisfaire.
Qu'il meure. Je n'ai plus d'autres vœux à vous faire.

* Les deux Scènes précédentes sont tirées du XIV & XVI chant de l'Iliade : celle-ci se trouve dans le XVIII, & semble en être le dénouement, puisque le repos d'Achille en est le nœud.

** Qu'il est beau d'avoir réservé ce triomphe à l'amitié! & qu'Achille, en ce moment, se fait bien pardonner sa colère.

Fin de la Tragédie.

Ces jeux dont s'honoroit la Grèce
on a trop admiré ces jeux
ces jeux qui d'Olympie appeloient l'allegresse
et du peuple excitoient l'yvresse
Quand de [illegible] les descendans
fameux
Triomphoient moins par leur adresse
que par la force et la vitesse
des coursiers [illegible] comme eux
les voyoit-on souillés d'une noble
poussière
après avoir trois fois parcouru la carrière
tourner autour du but de leur gloire enchantés?
etoit-ce un mérite si rare?
Eh! que seroient-ils devenus ignorés
Sans les cantiques de Pindare?
le jour qui leur [illegible]
Crayeau marillac

www.ingramcontent.com/pod-product-compliance
Lightning Source LLC
LaVergne TN
LVHW010037230826
846091LV00005B/1753

* 9 7 8 2 3 2 9 3 5 3 5 2 4 *